AF349922

Vente du Samedi 26 Décembre 1874.

SALLE N. 3.

JOLIE COLLECTION

DE

CURIOSITÉS DE LA CHINE

ET DU JAPON

BRONZES – ÉMAUX CLOISONNÉS
SCULPTURES – LAQUES
BELLES ÉTOFFES

EXPOSITION PUBLIQUE

Le Vendredi 25 Décembre 1874

M* CHARLES PILLET,
COMMISSAIRE-PRISEUR
10, rue de la Grange-Batelière.

M. CHARLES MANNHEIM,
EXPERT
7, rue Saint-Georges.

CATALOGUE

D'UNE JOLIE COLLECTION

DE

CURIOSITÉS DE LA CHINE

ET DU JAPON

Beaux Bronzes; Émaux cloisonnés;
Sculptures; Laques;
Meubles;
Belles Étoffes pour tentures.

DONT LA VENTE AURA LIEU

HOTEL DROUOT, SALLE N° 3,

Le Samedi 26 Décembre 1874,

A une heure et demie précise.

Par le ministère de Mᵉ CHARLES PILLET, Commissaire-Priseur,
10, rue de la Grange-Batelière;

Assisté de M. CHARLES MANNHEIM, Expert,
rue Saint-Georges, 7,

Chez lesquels se trouve le présent Catalogue.

EXPOSITION PUBLIQUE : Le Vendredi 25 Décembre 1874,

De une heure à cinq heures.

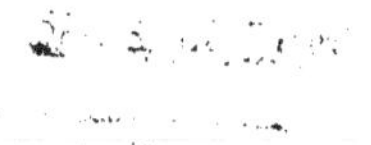

CONDITIONS DE LA VENTE

Elle sera faite au comptant.

Les adjudicataires payeront *cinq pour cent* en sus des enchères.

L'exposition mettant le public à même de se rendre compte de l'état des objets, il ne sera admis aucune réclamation une fois l'adjudication prononcée.

Paris.— Typ. Pillet fils aîné, 5, rue des Grands-Augustins.

DÉSIGNATION DES OBJETS

ÉMAUX CLOISONNÉS

1 — Deux vases eu forme de balustre, en émail cloisonné à panse à fond blanc décorée de fleurs, et à cols droits à fleurs sur fond bleu turquoise. Les anses sont en bronze doré.

2 — Deux vases en forme de balustre à couvercles, décorés de fleurs sur fond bleu turquoise.

3 — Deux flambeaux en émail cloisonné, formés chacun d'un oiseau émaillé blanc, debout sur une tortue, posée au milieu d'un plateau rond à trois pieds.

4 — Cinq petits plateaux ronds en ancien émail cloisonné de la Chine, décorés de fleurs sur fond bleu; sur pieds en bois sculpté.

5 — Deux vases en forme de balustre à panse décorée de fleurs sur fond bleu clair; le col et le pied offrent des ornements bleu turquoise.

6 — Deux vases en forme de bouteille à panse surbaissée, fond bleu clair à fleurs, et col à ornements sur fond bleu turquoise.

7 — Deux vases en forme de bouteille à panse sphérique, décorés de fleurs sur fond bleu turquoise, et réserves à fond jaune.

8 — Deux autres vases de mêmes forme et décor, sur fond blanc.

9 — Deux boîtes de forme lenticulaire, décorées de figures, animaux et ornements sur fond bleu turquoise et bleu foncé.

10 — Deux coupes rondes sur piédouche, décorées à l'extérieur de feuillages sur fond bleu turquoise, et à l'intérieur d'ornements sur fond blanc.

11 — Deux vases en forme de balustre, décorés de fleurs sur fond d'émail jaune, et au col sur fond bleu turquoise.

12 — Deux vases à panse sphérique et col droit, décorés de rosaces et d'ornements sur fond bleu turquoise.

13 — Deux vases en forme de cornet à panse renflée, décorés de fleurs sur fond rouge et bleu turquoise.

14 — Deux petites théières décorées de fleurs et d'ornements sur fond bleu turquoise.

15 — Deux jolies petites jardinières de forme ronde à lobes, décorées de rosaces et ornements sur fond bleu turquoise.

16 — Deux petits plateaux ronds décorés de fleurs sur fond violacé.

17 — Deux autres plateaux à décor analogue, mais sur fond blanc.

18 — Deux bonbonnières de forme lenticulaire, décorées de fleurs sur fond noir.

19 — Deux bonbonnières de même forme, à fond bleu turquoise.

20 — Deux petites boîtes rondes à couvercle plat, décorées de fleurs sur fond bleu turquoise.

21 — Deux boîtes plus petites à fond noir.

22 — Deux boîtes de même forme à fond blanc.

23 — Deux ronds de serviettes décorés de fleurs sur fond noir.

24 — Deux autres sur fond bleu turquoise.

25 — Deux vases en forme de balustre, décorés d'arbustes et d'oiseaux sur fond bleu ; le col offre des ornements sur fond violacé.

26 — Deux petits vases de forme ovoïde, décorés d'ornements sur fond violet.

27 — Deux vases en forme de balustre, décorés d'ornements et de rosaces sur fond blanc; le col offre des
ornements sur fond bleu.

28 — Deux vases analogues plus petits, décorés sur fond
bleu turquoise.

29-30 — Quatre couteaux à papier émaillés en couleurs.

31 — Deux vases en forme de balustre à col droit; la
panse est décorée de fleurs arabesques sur fond bleu
turquoise, et le col d'ornements sur fond bleu foncé.

32 — Joli vase en forme de balustre à ouverture large, en
ancien émail cloisonné de la Chine, décoré de zones de
fleurs arabesques sur fond bleu turquoise. Socle en bois
sculpté.

33 — Petit flacon à eau en émail cloisonné, à fleurs sur
fond bleu.

34 — Coupe et plateau en émail cloisonné, à fleurs sur
fond bleu. La coupe est de travail ancien.

BRONZES

35 — Beau vase en forme de balustre, à panse surbaissée
et à bord supérieur très-large, en bronze niellé d'ar-

gent et à bandeaux décorés de vagues en relief. Les anses sont formées de nuages.

36 — Deux lanternes en forme de pagodes, en bronze taché de parties claires, et garnies de clochettes.

37 — Deux vases à panse sphérique et à col évasé en bronze uni, garnis de deux anses têtes d'éléphants.

38 — Deux vases en forme de balustre à col droit évasé, en bronze uni, et à deux anses formées de papillons.

39 — Petite pagode de forme carrée, à deux étages.

40 — Vase à col décoré de dragons en relief, et à deux anses formées de feuillages. Le bord plat supérieur est mobile.

41 — Beau chibachi ou brûle-parfums à deux anses, décoré de médaillons de personnages en relief et à couvercle découpé à jour.

42 — Brûle-parfums formé d'un paon debout, en bronze.

43 — Vase en forme de balustre à panse anguleuse, bord évasé, et à anses à anneaux mouvants.

44 — Vase à col droit et à panse découpée simulant deux pieds arrondis. Le bord supérieur est plat et large, et il est décoré de palmettes en relief.

45 — Vase en forme de balustre à ornements en relief et
à deux anses à anneaux mouvants. Bronze chinois
ancien.

46 — Vase en forme de balustre, uni, à deux anses en S
attenant à la partie supérieure du col.

47 — Deux vases en forme de balustre, à panse anguleuse
et bord supérieur très-évasé, garni de deux anses à
anneaux mouvants.

48 — Vase de forme analogue, à deux anses papillons.

49 — Autre vase en forme de balustre, à deux anses formées de branchages.

50 — Grand vase en forme de balustre, uni, à bord supérieur très-évasé et à deux anses têtes chimériques.

51 — Vase en forme de balustre, à col décoré d'ornements
en relief et à anses formées de papillons.

52 — Vase à panse large surbaissée, en bronze uni et à
deux anses formées de branches de fleurs.

53 — Deux renards assis sur rochers. Ces pièces peuvent
servir de chenets.

54 — Brûle-parfums à panse sphérique, reposant sur trois
pieds à têtes chimériques, à anses en S et à couvercle
surmonté d'une chimère.

55 — Vase en forme de balustre à panse surbaissée, col très-évasé et à deux anses en S, en bronze niellé d'argent.

56 — Vase de forme analogue, en bronze uni et à deux anses têtes d'éléphants.

57 — Groupe en bronze. Femme assise sur un rocher tenant un enfant dans ses bras.

58 — Brûle-parfums en bronze, formé par un coq debout sur une gerbe de blé.

59 — Vase de forme cylindrique, à couvercle plat, décoré de palmettes et d'ornements en relief.

60 — Petit brûle-parfums en forme de jonque.

61 — Presse-papier, formé d'un groupe de tortues et de branchages.

62 — Brûle-parfums en bronze, formé d'une figure d'homme monté sur un animal fantastique.

63 — Petite coupe ronde sur socle mobile à trois pieds.

64 — La déesse Kouan-In accroupie, en bronze. Patine claire.

65 — Trois pièces en bronze : deux figurines debout et un oiseau sur feuille de lotus.

66 — Lot d'appliques en cuivre gravé, à ornements et
armoiries.

67 — Grand et beau flambeau, formé d'une chimère debout sur un socle oblong et tenant dans sa gueule une
branche de fleurs porte-lumière. Bronze muni d'une
belle patine tachée d'or.

68 — Vase en forme de balustre, à ornements en relief et
dragon en haut-relief, reposant sur trois chimères accroupies. Bronze taché d'or.

69 — Vase brûle-parfums en bronze, reposant sur trois
tortues, et à panse lobée décorée d'ornements en relief. Le couvercle est surmonté d'un coq.

70 — Vase de forme cylindrique, à base découpée et à col
garni de deux anses.

71 — Petite lanterne en forme de pagode à pans, en bronze
vert.

72 — Vase en forme de balustre, à pans, à figure d'animaux et ornements en relief.

73 — Coupe ronde, très-évasée, sur pied mobile orné d'une
figure de singe.

74 — Vase en forme de cloche à couvercle, en fer, à ornements en relief et garni de deux anses mobiles.

75 — Jardinière de forme oblongue et basse à ornements
en relief et garnie de deux petites anses.

76 — Jardinière analogue à celle qui précède, mais moins
grande.

77 — Jardinière de suspension à quatre lobes et à figures
en relief.

78 — Coupe ronde à panse droite et bord plat décoré
d'ornements en relief.

79 — Brûle-parfums formé d'une figure d'homme monté
sur un éléphant.

80 — Petite coupe en bronze taché d'or, formée de trois
canards accolés.

81 — Coupe oblongue à deux anses et sur pied rond, décorée d'ornements en relief, sur pied en bois.

82 — Petit brûle-parfums à palmettes en relief, reposant
sur trois têtes fantastiques. Le couvercle est surmonté
d'une chimère assise.

83 — Petite coupe ronde à deux anses et à cordes en
relief, supportée par trois enfants debout.

84 — Brûle-parfums à panse sphérique et col droit, à deux
anses et à trois pieds têtes chimériques, surmonté d'une
chimère couchée.

85-86 — Trois jolis vases en forme de bouteille à long col et à deux anses, décorés d'ornements en relief Ce lot sera divisé.

87 — Deux vases en forme de cornet en deux dimensions, à arêtes et ornements en relief.

88 — Deux vases en forme de balustre à deux anses têtes d'éléphants et de chimères, à ornements en relief.

89-90 — Cinq jolis petits vases en forme de balustre à figures et arbustes en relief. Ce lot sera divisé.

91 — Porte-allumettes de forme cylindrique à caractères en relief et pieds formés de canards.

92-93 — Quatre petits vases variés de formes et de dimensions. Ce lot sera divisé.

94 — Flambeau formé d'un héron debout sur une tortue.

95 — Trois coupes de forme oblongue à une anse et à ornements en relief.

96 — Deux brûle-parfums formés chacun d'un personnage monté l'un sur un buffle, l'autre sur un cerf.

97-99 — Dix figurines en bronze de dimensions variées. Ce lot sera divisé.

100 — Petite cloche en bronze à attributs en relief.

101 — Quatre petits groupes en bronze : personnage sur un poisson, autre figure sur un trône, personnage pinçant d'un instrument de musique et enfants sur une outre. Ce dernier groupe est doré.

102 — Quatre petits brûle-parfums variés de forme : l'un d'eux niellé d'argent, un autre formé d'une chimère et d'une boule, le troisième à deux anses et à couvercle découpé, le dernier en forme de fleur.

103 — Deux pièces : petite coupe en métal de cloche et vase en cuivre battu à une anse mobile.

104-105 — Quatre petits brûle-parfums de formes variées, dont deux à couvercles.

106 — Coupe ronde à ornements en relief et reposant sur trois pieds bas.

107 — Petite table niellée d'argent, très-petit vase en forme de cornet et deux papillons.

OBJETS VARIÉS

108 — Grande armoire à deux portes en bois de noyer incrusté de filets d'étain avec ferrures étamées et panneaux de laque rouge décorés de figures et de paysages.

109 — Petite pagode en laque noir garnie d'ornements de cuivre et fermant à deux portes. Elle renferme quantité de divinités en bois sculpté sur rochers rehaussés de couleurs et d'or.

110 — Sceptre en laque noir incrusté de burgaut et de branchages en corail.

111 — Divinité debout sur socle orné en bois sculpté, doré et peint.

112 — Deux très-petites pagodes en laque renfermant des divinités en bois sculpté.

113 — Deux autres petites pagodes dont une en laque rouge.

114 — Grande pagode en laque noir et or fermant à deux portes, et renfermant un grand nombre de divinités en bois sculpté sur rochers rehaussés de couleurs et d'or.

115 — Beau casque en fer à dragons et ornements damasquinés d'argent.

116 — Écran en laque décoré d'incrustations de nacre gravé en relief, à arbustes et fleurs. Le revers est décoré de fleurs et d'oiseaux laqués en couleurs sur fond noir.

117 — Huit jolis petits tableaux à sujets familiers exécutés en pierre de lard, sculptés en relief et rehaussés de couleurs.

118 — Jolie boîte oblongue en laque noir incrusté de nacre et de vitrifications colorées à fleurs.

119 — Boîte carrée à dessus de verre, sur lequel sont rapportées des fleurs en pierre de lard sculptée.

120 — Boîte carrée à angles arrondis, en laque noir, incrustée de nacre et laquée en couleurs avec appliques rapportées en argent émaillé.

121-122 — Neuf figures de divinités debout ou accroupies en bois sculpté, dorées et laquées. Ce lot sera divisé.

123 — Coquille à décor de paysage laqué à l'intérieur.

124-129 — Vingt-neuf jolis petits groupes en ivoire sculpté à figures et sujets variés. Ce lot sera divisé.

130 — Deux pièces : pitong en bambou sculpté et plateau oblong en laque.

131 — Deux grands pieds en bois sculpté, repercé à jour.

132-136 — Onze albums imprimés en couleurs à sujets variés, et un petit rouleau peint sur papier et rehaussé d'or.

137 — Sabre japonais à fourreau laqué.

138 — Plateau rond en poterie de Kiotto à figures émaillées.

139 — Huit petits plateaux en porcelaine du Japon formant une rosace.

ÉTOFFES

140 — Six beaux panneaux en satin bleu clair, richement brodés à figures, fleurs et monuments en soies de couleurs. Beau travail chinois. — Haut. 1 m. 30, larg. 50 cent.

141 — Quatre beaux panneaux de même travail et à décor de même style, mais sur fond jaune d'or. — Hauteur 1 m. 30, larg. 50 c.

142 — Belles bandes de satin bleu clair, brodées à fleurs et insectes en soies de couleurs. Ensemble 21 m. 60.

143 — Bandes de décor analogue, mais sur fond de soie jaune. Ensemble 9 mètres.

144 — Bande de satin noir également brodée à fleurs et insectes en soies de couleurs. Long. 2 m. 10.

145 — Jolie feuille d'écran en soie blanche brodée à figures et fleurs en soies de couleurs.

146 — Autre feuille d'écran en soie noire brodée à fleurs et oiseaux en soies de couleurs.

147 — Dix-huit belles feuilles d'écrans ou coussins en soies de couleurs variées et brodées à sujets variés en soies de couleurs. Ce lot sera divisé.